3

신약

십자가와 부활

가스펠 프로젝트

신약 3
십자가와 부활
저학년

지은이 | LifeWay Kids
옮긴이 | 권혜신
감 수 | 김병훈 · 류호성 · 김정효

초판 발행 | 2018. 10. 17
2판 2쇄 발행 | 2025. 3. 17
등록번호 | 제1988-000080호
등록된 곳 | 서울특별시 용산구 서빙고로65길 38
발행처 | 사단법인 두란노서원
영업부 | 02) 2078-3352, 3452, 3752, 3781
         FAX 080-749-3705
편집부 | 02) 2078-3437

활동연구 | 김찬숙 · 이경선 · 이다솔 · 임요한 · 홍선아

책값은 뒤표지에 있습니다.
ISBN 978-89-531-4608-2 / 978-89-531-4612-9(세트)

홈페이지 | gospelproject.co.kr
두란노몰 | mall.duranno.com

The Gospel Project for Kids

is published quarterly by LifeWay Christian Resources,
One LifeWay Plaza, Nashville, TN 37234, Thom S. Rainer, President
© 2017 LifeWay Christian Resources
Translated and used by permission of LifeWay Christian Resources

This Korean translation edition © 2018 by Duranno Ministry,
38, Seobinggo-ro 65-gil, Yongsan-gu, Seoul, Republic of Korea
Published by arrangement with LifeWay Christian Resources

차례

1단원 순종하신 예수님

마리아가 예수님께 향유를 부었어요

STORY 1

마태복음 26장 6~13절; 요한복음 12장 1~8절

주제

예수님은 마리아가 예수님의 장례를 위해
향유를 부은 것이라고 말씀하셨어요.

가스펠 링크

예수님은 마리아가 향유를 붓도록
허락하셨어요. 예수님은 세상 무엇보다
소중한 분이세요.

성경의 초점

그리스도인은 왜 성찬에 참여하나요?
예수님의 삶과 죽음을 기억하고,
예수님이 다시 오실 때까지
예수님을 선포하기 위해서예요.

마리아가 값비싼 향유를 예수님께 부어 예수님을 예배했어요. 예수님의 제자들은 마리아의 행동이 낭비라고 생각했어요. 하지만 예수님은 마리아가 예수님의 장례를 위해 향유를 부은 것이라고 말씀하셨어요.

의미를 찾아서

누가복음 4장 18절을 읽고,
질문에 맞는 답을 찾아 밑줄을 긋고, 빈칸에 적어 보세요.

주의 성령이 내게 임하셨으니

이는 가난한 자에게 복음을 전하게 하시려고

내게 기름을 부으시고 나를 보내사

포로 된 자에게 자유를,

눈먼 자에게 다시 보게 함을 전파하며

눌린 자를 자유롭게 하고

누가복음 4장 18절

1. 누구에게 주의 성령이 임하셨나요?

....

2. 1번이 가리키는 사람은 누구일까요?

....

3. 누구에게 복음을 전하게 하려고 기름을 부으셨나요?

....

4. 누구에게 자유를 주셨나요?

....

5. 눈먼 자에게 무엇을 전파하셨나요?

....

6. 누구를 자유롭게 하셨나요?

....

가장 귀한 것

마리아는 예수님께 가장 귀한 것을 드렸어요. 같은 색의 번호끼리 순서대로
점을 연결해 그림을 완성하고, 아래 질문에 답해 보세요.

나는 예수님이 베푸신 어떤 일을 기억하며 예배하나요?
예수님을 향한 사랑을 예배로 표현하고 있나요?

보물
상자

성경 이야기를 통해 알게 된 것을 글이나 그림으로
표현해 보세요.

- 이 성경 이야기는 하나님이나 복음에 대해 무엇을 말하고 있나요?
- 이 성경 이야기를 통해 나에 대해 알게 된 사실은 무엇인가요?
- 이 성경 이야기를 통해 기억해야 할 하나님의 말씀은 무엇인가요?

가족과
이야기해요
- 마리아는 왜 예수님께 향유를 부었나요?
- 제자들은 왜 마리아의 행동이 잘못되었다고 생각했나요?

가족과
활동해요

- 예수님을 얼마나, 왜 소중하게 생각하는지 가족과 함께 이야기를 나누어 보세요.
- 함께 읽을 말씀 : 에스겔 10~11장, 15~16장

예수님이 성전을 깨끗하게 하셨어요

STORY 2

마태복음 21장 12~17절; 마가복음 11장 15~19절

주제

예수님은 성전을 잘못 사용하는 사람들을 쫓아내셨어요.

가스펠 링크

예수님은 성전을 잘못 사용하는 사람들을 성전에서 내쫓으셔서 하나님의 백성이 예배할 수 있게 하셨어요. 그리고 사람들이 하나님께 가까이 갈 수 있도록 길을 열어 주셨어요.

성경의 초점

그리스도인은 왜 성찬에 참여하나요? 예수님의 삶과 죽음을 기억하고, 예수님이 다시 오실 때까지 예수님을 선포하기 위해서예요.

예수님은 성전에서 동물을 사고파는 사람들을 보셨어요. 성전은 하나님께 기도하고 예배하는 곳이에요. 예수님은 사람들의 모습에 화를 내셨어요. 예수님은 성전을 잘못 사용하는 사람들을 쫓아내셨어요.

예수님이 하신 일을 선포해요!

누가복음 4장 18절 말씀의 순서대로 깃발에 번호를 적으며
미로를 통과해 보세요.

출발

주의 성령이
내게 임하셨으니

너희가
권능을 받고

이는 가난한
자에게 복음을
전하게 하시려고

포로 된 자에게
자유를,

내게 기름을
부으시고
나를 보내사

예루살렘과
온 유대와

눈먼 자에게
다시 보게 함을
전파하며

사마리아와
땅끝까지 이르러

눌린 자를
자유롭게 하고

내 증인이 되리라
하시니라

누가복음
4장 18절

도착

12

내가 생각하는 교회와 예배

교회는 어떤 곳인지, 우리는 어떻게 예배하고 있는지 생각하며
질문에 답해 보세요.

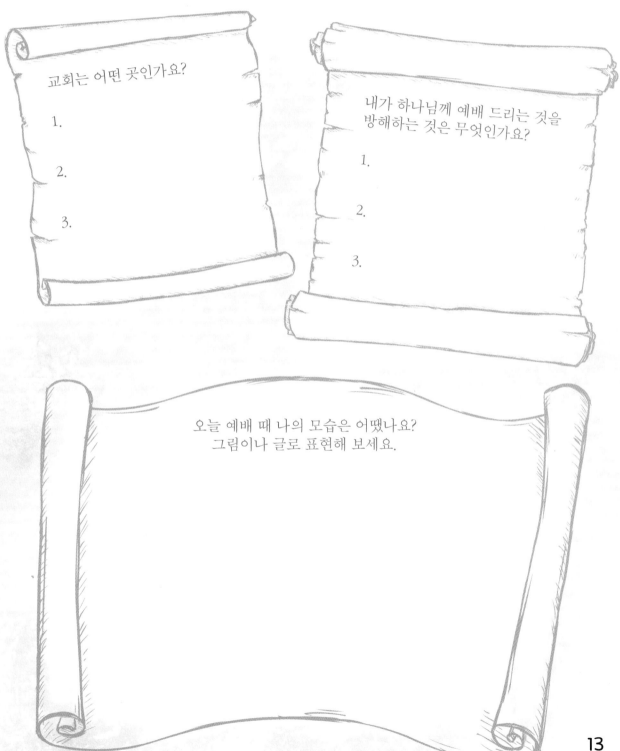

교회는 어떤 곳인가요?

1.

2.

3.

내가 하나님께 예배 드리는 것을
방해하는 것은 무엇인가요?

1.

2.

3.

오늘 예배 때 나의 모습은 어땠나요?
그림이나 글로 표현해 보세요.

성경 이야기를 통해 알게 된 것을 글이나 그림으로 표현해 보세요.

- 이 성경 이야기는 하나님이나 복음에 대해 무엇을 말하고 있나요?
- 이 성경 이야기를 통해 깨달은 하나님의 마음은 무엇인가요?
- 이 성경 이야기를 통해 기억해야 할 하나님의 말씀은 무엇인가요?

가족과 이야기해요
- 성전에서 물건을 사고파는 것은 왜 잘못된 행동이었나요?
- 오늘날 하나님을 예배하는 일을 방해하는 것들은 무엇일까요?
- 다른 사람들이 하나님을 예배할 수 있도록 돕기 위해 우리가 할 수 있는 일은 어떤 것이 있을까요?

가족과 활동해요
- 지역의 농산물 직거래 시장이나 벼룩시장을 들러 보세요. 성전을 시장처럼 사용하는 것을 보고 예수님이 왜 화를 내셨을지 이야기를 나누어 보세요.
- 함께 읽을 말씀 : 에스겔 17장, 19장, 23~24장

예수님이 제자들과 마지막 만찬을 하셨어요

STORY 3

마태복음 26장 26~30절; 요한복음 13장 1~15절

주제

예수님이 제자들과 함께하신 마지막 유월절 만찬은 최초의 성찬이었어요.

가스펠 링크

예수님은 자신의 죽음으로 새 언약을 세울 것이라고 말씀하셨어요.

성경의 초점

그리스도인은 왜 성찬에 참여하나요?
예수님의 삶과 죽음을 기억하고,
예수님이 다시 오실 때까지
예수님을 선포하기 위해서예요.

　　예수님이 제자들과 유월절 만찬을 하셨어요. 예수님은 자리에서 일어나 겉옷을 벗고 수건을 허리에 두르셨지요. 그러고는 제자들의 발을 씻겨 주셨어요. 다른 사람을 섬기는 모습을 직접 보여 주신 거예요. 그런 후 예수님은 떡과 잔을 나누며 제자들과 최초의 성찬을 나누셨어요.

보물
지도

무엇을 하셨을까?

질문을 읽고 답에 ○표 하세요.
○표한 글자들을 조합해 만든 단어를 빈칸에 적어 보세요.

문제	○	✕
1. 예수님과 제자들은 유월절을 지키기 위해 모였어요. (마 26:17~18)	ㅅ	ㅎ
2. 예수님은 앞치마를 허리에 두르셨어요. (요 13:4)	ㅑ	ㅓ
3. 예수님은 제자들의 머리와 손발을 씻어 주셨어요. (요 13:5, 10)	ㄹ	ㅇ
4. 베드로는 처음에 예수님이 자기 발을 씻겨 주시려 하자 거절했어요. (요 13:8)	ㅊ	ㅅ
5. 예수님은 예수님이 주시는 떡이 자신의 피라고 말씀하셨어요. (마 26:26)	ㅐ	ㅏ
6. 예수님은 잔을 들고 죄 사함을 얻게 하려고 많은 사람을 위하여 흘리는 나의 피, 곧 언약의 피라고 말씀하셨어요. (마 26:28)	ㄴ	ㅍ

18

예수님의 마지막 만찬

그림 속에 숨은 단어를 찾아 아래 문장을 완성해 보세요.

◻︎◻︎◻︎◻︎◻︎ 은 왜 ◻︎◻︎ 에 참여하나요?

예수님의 ◻︎ 과 ◻︎ 을 기억하고,

예수님이 ◻︎◻︎ 오실 때까지

예수님을 ◻︎◻︎ 하기 위해서예요.

성경 이야기를 통해 알게 된 것을 글이나 그림으로
표현해 보세요.

- 이 성경 이야기는 하나님이나 복음에 대해 무엇을 말하고 있나요?
- 이 성경 이야기를 통해 나에 대해 알게 된 사실은 무엇인가요?
- 이 성경 이야기를 통해 기억해야 할 하나님의 말씀은 무엇인가요?

가족과 이야기해요

- 예수님은 어떤 방법으로 사람들을 섬기셨나요?
- 우리는 어떤 방법으로 다른 사람들을 섬길 수 있을까요?
- 성찬은 예수님을 기억하는 데 어떤 도움이 되나요?

- 가족끼리 서로의 발을 닦아 주며 예수님의 섬김을 기억해 보세요.
- 함께 읽을 말씀 : 에스겔 26~27장, 31~32장

예수님이 잡혀가셨어요

마태복음 26장 36절~27장 2절

주제

예수님이 배반당하고 잡혀가셨어요.

가스펠 링크

제자들은 예수님을 배반했고, 예수님은 잡혀가 재판을 받으셨어요. 예수님은 세상을 구원하기 위해 하나님 아버지의 계획에 끝까지 순종하셨어요.

성경의 초점

그리스도인은 왜 성찬에 참여하나요? 예수님의 삶과 죽음을 기억하고, 예수님이 다시 오실 때까지 예수님을 선포하기 위해서예요.

예수님이 제자들과 함께 겟세마네 동산에 기도하러 가셨어요. 예수님은 앞으로 다가올 고난을 두고 기도하셨어요. 기도를 마치고 내려온 예수님 앞에 유다가 다가왔어요. 유다가 예수님께 입을 맞추자 사람들이 예수님을 붙잡아 대제사장 가야바의 집으로 끌고 갔어요. 예수님은 대제사장 앞에서 *불공정한 재판을 받으셨어요.

★불공정 : 정직하지않고 바르지않음

나침반

복음을 전하려고

크레파스에 적힌 단어를 빈칸에
알맞게 써 넣어 누가복음 4장 18절을 완성해 보세요.

주의 _____ 이 내게 임하셨으니

이는 가난한 자에게 _____ 을 전하게 하시려고

내게 _____ 을 부으시고 나를 보내사

포로 된 자에게 _____ 를,

_____ 자에게 다시 _____ 함을 전파하며

_____ 자를 자유롭게 하고

누가복음 4장 18절

24

예수님이 잡혀가셨어요

미로를 통과하며 찾은 문자를 빈칸에 알맞게 넣어 문장을 완성해 보세요.

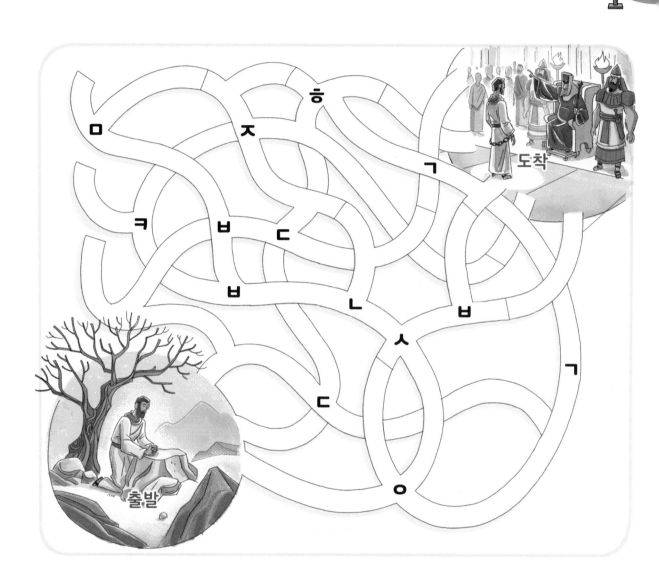

예수님이 체포당하고 잡혀가셨어요.

25

보물
상자

성경 이야기를 통해 알게 된 것을 글이나 그림으로 표현해 보세요.

- 이 성경 이야기는 하나님이나 복음에 대해 무엇을 말하고 있나요?
- 이 성경 이야기를 통해 깨달은 하나님의 마음은 무엇인가요?
- 나는 누구에게 이 성경 이야기를 들려줄 수 있을까요?

가족과
이야기해요

- 유다는 왜 예수님을 배반했을까요?
- 베드로는 왜 예수님을 모른다고 말했을까요?
- 예수님이 받으신 재판이 공정하지 않은 이유는 무엇인가요?

- 나쁜 일을 하지 않았는데 경찰에게 잡히면 기분이 어떨지 가족과 함께 이야기를 나누어 보세요.

- 함께 읽을 말씀 : 에스겔 33~34장, 37장, 40장

예수님이
십자가에서
죽으셨어요

마태복음 27장 11~66절

주제

예수님이 우리 죄를 대신 지고 죽으셨어요.

가스펠 링크

예수님은 아무 죄도 짓지 않으셨지만,
우리 대신 죽으셨어요. 예수님이 흘리신
피로 우리의 죄는 단번에 해결되었어요.

성경의 초점

예수님은 왜 십자가에서 죽으셨나요?
예수님은 우리를 죄에서 구하려고
십자가에서 죽으시고, 부활하셔서
우리가 용서받았다는 것을 보여 주셨어요.

　　로마의 총독 빌라도는 악명 높은 죄수 바라바와 예수님 중 누구를 풀어 주면
좋겠냐고 사람들에게 물었어요. 사람들은 바라바를 놓아주고 예수님을 죽이라
고 소리쳤어요. 군인들은 예수님을 때리며 ★조롱했지요. 예수님이 십자가에 못
박히셨어요. 하늘이 어두워지기 시작하며 어둠이 땅을 덮었어요. 예수님이 "다
이루었다!"라고 외치신 후 숨을 거두셨어요.

★조롱:비웃거나 깔보면서 놀림

29

보물
지도

십자가의 길

제시된 성경 구절을 찾아 읽은 후, 빈칸을 채워 성경 이야기를 완성해 보세요.

"너희는 내가 누구를 너희에게 놓아 주기를 원하느냐 바라바냐 ＿＿ ＿＿ ＿＿ ＿＿ 라 하는 예수냐?"

"＿＿ ＿＿ ＿＿ 로소이다!"

마태복음 27장 15~21절

"이는 ＿＿ ＿＿ ＿＿ 의 왕 예수라."

"그가 남은 구원하였으되 자기는 ＿＿ ＿＿ ＿＿ 수 ＿＿ ＿＿ ＿＿ ."

마태복음 27장 32~44절

" ＿＿ ＿＿ ＿＿ ＿＿ ＿＿ ＿＿ , 나의 하나님, 어찌하여 나를 버리셨나이까!"

"이 사람은 진실로 ＿＿ ＿＿ ＿＿ 의 ＿＿ ＿＿ 이었도다."

마태복음 27장 45~56절

예수님의 십자가

'1' ● 색, '2' ● 색으로 색칠해 보세요. 흐린 글씨를 따라 써 문장을 완성하세요.

3	9	4	3	6	1	1	1	3	5	6	4	8
5	0	7	3	8	1	1	1	8	9	7	7	9
4	3	9	0	2	2	1	2	십	3	4	9	5
0	7	1	2	2	2	2	2	2	2	1	3	4
7	6	1	2	2	2	2	2	2	2	1	5	6
9	8	1	2	2	2	2	2	2	2	1	6	3
0	7	1	1	2	2	2	2	2	1	1	7	7
8	6	3	4	2	2	2	2	2	9	4	6	5
6	5	5	0	8	2	2	2	4	3	6	5	6
5	7	6	7	4	1	2	1	7	3	8	6	7
7	3	7	3	8	1	1	1	3	5	3	4	8
3	6	6	9	4	1	1	1	9	6	5	7	6
0	4	5	0	8	1	1	1	0	7	6	3	7
8	5	6	7	4	1	1	1	7	6	7	6	3
5	9	4	3	6	1	1	1	3	5	6	9	0
9	8	7	3	8	1	1	1	3	6	9	5	9

예수님은 왜 십자가에서 죽으셨나요?

예수님은 우리를 죄에서 구하려고 십자가에서 죽으시고,

부활하셔서 우리가 용서받았다는 것을 보여 주셨어요.

성경 이야기를 통해 알게 된 것을 글이나 그림으로 표현해 보세요.

- 이 성경 이야기는 하나님이나 복음에 대해 무엇을 말하고 있나요?
- 이 성경 이야기를 통해 깨달은 하나님의 마음은 무엇인가요?
- 나는 누구에게 이 성경 이야기를 들려줄 수 있을까요?

가족과 이야기해요

- 사람들은 왜 예수님에게 화가 났을까요?
- 예수님의 죽음이 중요한 이유는 무엇인가요?
- 예수님의 희생으로 구원받는 사람은 누구인가요?
- 예수님은 누구를 구원하기 위해 십자가에 못 박히셨나요?

가족과 활동해요

- 십자가 목걸이 만들기 세트를 구입해 만들어 보세요. 예수님의 죽음이 중요한 이유를 함께 이야기해 보세요. 복음이 필요한 친구에게 십자가 목걸이를 선물해 보세요.
- 함께 읽을 말씀 : 에스겔 41장, 43장, 45장

예수님이 부활하셨어요

마태복음 28장 1~15절; 요한복음 20장 1~18절

주제

예수님이 죽은 자 가운데서 다시
살아나셨어요.

가스펠 링크

하나님은 희생 제물이 되신 예수님의 순종을
기뻐하셨고, 예수님을 죽은 자 가운데서
다시 살리셔서 온 세상을 다스리는 왕이
되게 하셨어요.

성경의 초점

예수님은 왜 십자가에서 죽으셨나요?
예수님은 우리를 죄에서 구하려고
십자가에서 죽으시고, 부활하셔서
우리가 용서받았다는 것을 보여 주셨어요.

예수님이 죽으신 지 3일째 되는 날, 마리아가 예수님의 무덤에 갔어요. 그런데 무덤 문이 열려 있고, 예수님의 시신이 없었어요. 시몬 베드로와 요한도 무덤으로 달려와 비어 있는 무덤을 확인했어요. 두 제자는 집으로 돌아갔고, 마리아가 무덤 밖에서 울고 있을 때, 부활하신 예수님이 마리아를 부르셨어요. 예수님은 마리아에게 다른 제자들에게 가서 예수님이 곧 아버지께 올라갈 것이라고 전하게 하셨어요.

• • •
알맞게 바꾸어요

문장을 읽고 맞으면 '참', 틀리면 '거짓'이라고 쓰세요.
'거짓' 문장은 '참'이 되도록 답을 적어 보세요.

1. 아침 일찍 예수님의 무덤을 찾아간 사람은 요셉이에요. (마 28:1; 요 20:1)

→
_____

2. 무덤을 막았던 돌이 치워져 있었어요. (요 20:1)

→
_____

3. 마리아는 무덤이 비었다는 사실을 발견하고 베드로와 요한에게 달려갔어요.
(요 20:2)

→
_____

4. 베드로는 무덤 안에서 사람의 뼈를 보았어요. (요 20:6~7)

→
_____

5. 마리아는 부활하신 예수님을 보자 유령이라고 생각했어요.
(요 20:15)

→
_____

6. 종교 지도자들은 예수님의 무덤이 빈 것을 알고는
군인들에게 많은 돈을 주어 제자들이 시신을
훔쳐 갔다고 거짓말을 하게 했어요. (마 28:12~13)

→
_____

무엇이 달라졌을까?

마리아가 예수님의 무덤에 갔어요.
두 그림을 보고 서로 다른 7곳을 찾아 〇표 해 보세요.

예수님이 죽으셨어요

예수님이 부활하셨어요

성경 이야기를 통해 알게 된 것을 글이나 그림으로 표현해 보세요.

- 이 성경 이야기는 하나님이나 복음에 대해 무엇을 말하고 있나요?
- 이 성경 이야기를 통해 깨달은 하나님의 마음은 무엇인가요?
- 나는 누구에게 이 성경 이야기를 들려줄 수 있을까요?

가족과 이야기해요

- 예수님의 부활이 중요한 이유는 무엇인가요?
- 예수님의 부활을 누구에게 이야기해 줄 수 있을까요?
- 예수님이 살아 계신다는 사실을 알고 나니 기분이 어떤가요?

- 풍선을 불어 준비하고, 물풀을 이용해 한지를 풍선에 촘촘히 붙여 보세요. 한지가 다 마르면 풍선을 터뜨려 보세요. 속이 텅 빈 한지 틀처럼 예수님의 무덤도 텅 비었다는 것에 관해 이야기를 나누어 보세요.
- 함께 읽을 말씀 : 다니엘 2~3장, 5~6장

예수님이 엠마오로 가는 제자들을 만나셨어요

누가복음 24장 13~35절

주제

예수님은 모든 성경이
자신을 가리킨다고 가르치셨어요.

가스펠 링크

구약성경에 기록된 하나님의 약속이
예수님의 삶과 죽음, 부활을 통해
이루어졌어요.

성경의 초점

예수님은 왜 십자가에서 죽으셨나요?
예수님은 우리를 죄에서 구하려고
십자가에서 죽으시고, 부활하셔서
우리가 용서받았다는 것을 보여 주셨어요.

예수님이 엠마오로 가는 두 제자를 만나셨어요. 예수님은 성경이 예수님의 삶과 죽음, 그리고 부활을 가리킨다는 점을 깨닫도록 도와주셨어요. 다시 살아나신 예수님을 만났다는 사실을 깨달은 제자들은 예루살렘으로 돌아가 다른 사람들에게 이 일을 말했어요.

우리의 구원은

우리의 구원은 누구의 선물인가요?
흐린 글씨를 따라 쓰며 에베소서 2장 8~9절을 완성해 보세요.

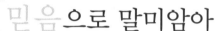

너희는 그 은혜에 의하여

믿음으로 말미암아

구원을 받았으니

이것은 너희에게서 난 것이 아니요

하나님의 선물이라

행위에서 난 것이 아니니

이는 누구든지

자랑하지 못하게 함이라

에베소서 2장 8~9절

한 글자씩 지우면?

맨 처음에 나오는 글자를 지우고, 한 글자씩 건너뛰며 지워 보세요.
남은 글자들을 읽어 보세요. 어떤 문장이 나왔나요?

하예나수찬님큼은

역모사든 믿성음경할이 국자금신기을

익가선리밀킨찬다영고

고가칸르서치춘셨덩어님요.

보물
상자

성경 이야기를 통해 알게 된 것을 글이나 그림으로 표현해 보세요.

- 이 성경 이야기는 하나님이나 복음에 대해 무엇을 말하고 있나요?
- 이 성경 이야기를 통해 나에 대해 알게 된 사실은 무엇인가요?
- 이 성경 이야기에서 하나님께 더 물어보고 싶은 것이 있나요?

가족과 이야기해요

- 하나님의 말씀을 아는 것이 왜 중요한가요?
- 가장 좋아하는 성경 이야기는 무엇인가요?
- 그 성경 이야기는 예수님이 어떤 분이라고 알려주나요?

가족과
활동해요

- 이전에 배운 여러 성경 이야기를 가족과 함께 살펴보세요. 메시지 카드를 이용해 퀴즈를 내 보는 것도 좋아요.
- 함께 읽을 말씀 : 다니엘 9장, 12장

예수님이 제자들에게 나타나셨어요

누가복음 24장 36~49절; 요한복음 20장 19~23절

주제

제자들이 부활하신 예수님을 보았어요.

가스펠 링크

부활하신 예수님은 40일 동안 500명이 넘는 사람에게 나타나셨어요.

성경의 초점

그리스도인의 사명은 무엇인가요?
우리의 사명은 성령님의 능력으로
모든 민족을 제자로 삼는 거예요.

예수님의 제자들이 두려움에 떨며 방문을 걸어 잠그고 모여 있었어요. 그때 예수님이 제자들에게 나타나셨어요. 그러고는 "너희에게 평강이 있을지어다!" 라고 말씀하셨지요. 두려워하는 제자들에게 예수님은 손과 옆구리를 보여 주셨어요. 예수님을 다시 만난 제자들은 기뻐했어요. 예수님은 제자들을 예수님의 증인으로 세상에 보내 예수님이 부활하셨다는 소식을 전하게 하셨어요.

이는 성경대로

알맞는 초성을 써 고린도전서 15장 3~4절을 완성해 보세요.

내가 받은 것을 먼저 너희에게 전하였노니

이는 | ㅎ | ㅕ | 대로 | ㅡ | ㅣ | ㅗ | 께서

우리 | ㅚ | 를 위하여 | ㅜ | ㅡ | ㅣ | ㅗ

장사 지낸 바 되셨다가

| ㅎ | ㅕ | 대로 | ㅏ | ㅡ | 만에 다시 | ㅏ | ㅏ | ㅏ

고린도전서 15장 3~4절

제자들 앞에

91쪽 '성경 그림 액자'를 오려 선대로 접어 보세요. 일어선 눈높이에 맞게 세워 두고,
한 발짝 떨어져 왼쪽에서 오른쪽으로 움직이며 그림을 확인해 보세요.

—— 자르기
·········· 안으로 접기
-·-·-· 밖으로 접기

제자들에게 나타나시다

예수님은 다시 만난 제자들에게 무슨 말씀을 하셨을까요?
★표시가 있는 글자를 파란색으로 색칠한 후 색칠한 글자를 조합해 보세요.
그런 다음 빈칸에 들어갈 단어를 만들어 예수님이 하신 말씀을 완성해 보세요.

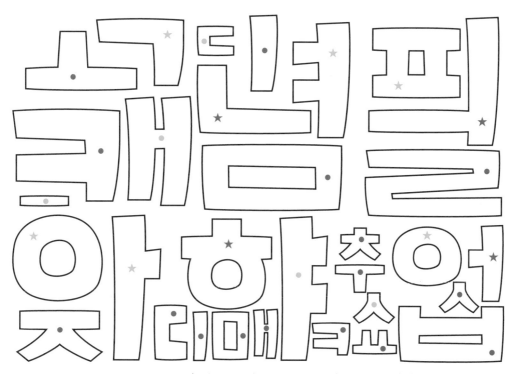

너희에게 ____ ____이 있을지어다

성경 이야기를 통해 알게 된 것을 글이나 그림으로
표현해 보세요.

• 이 성경 이야기는 하나님이나 복음에 대해 무엇을 말하고 있나요?
• 이 성경 이야기를 통해 나에 대해 알게 된 사실은 무엇인가요?
• 이 성경 이야기에서 하나님께 더 물어보고 싶은 것이 있나요?

가족과
이야기해요

• 예수님은 부활하신 후에 왜 제자들에게 나타나셨을까요?
• 예수님이 부활하신 것을 믿나요? 의심이 들 때가 있나요?

가족과 **활동해요**	• 예수님이 눈앞에 나타나신다면 무엇을 하고 싶은지, 어떤 말을 할지 함께 이야기를 나누 어 보세요.
	• 함께 읽을 말씀 : 에스라 1장, 3장, 6장

51

예수님이 도마에게 나타나셨어요

요한복음 20장 24~29절

STORY
9

주제

예수님이 의심하는 도마에게 손과 옆구리를
보여 주셨어요.

가스펠 링크

예수님은 예수님을 보지 않고도 믿는
사람에게 복이 있다고 하셨어요.

성경의 초점

그리스도인의 사명은 무엇인가요?
우리의 사명은 성령님의 능력으로
모든 민족을 제자로 삼는 거예요.

예수님이 제자들에게 처음 나타나셨을 때 도마는 함께 있지 않았어요. 도마
는 증거가 없으면 예수님이 살아나셨다는 것을 믿지 않겠다고 했어요. 다시 찾
아오신 예수님은 도마에게 손과 옆구리를 보여 주시며 보지 않고도 믿는 사람
에게 복이 있다고 말씀하셨어요.

보물
지도

도마에게 하신 말씀

예수님은 의심하는 도마에게 무슨 말씀을 하셨나요? 힌트 를 참고해
미로를 통과하며 찾은 글자를 빈칸에 넣어 요한복음 20장 29절을 완성해 보세요.

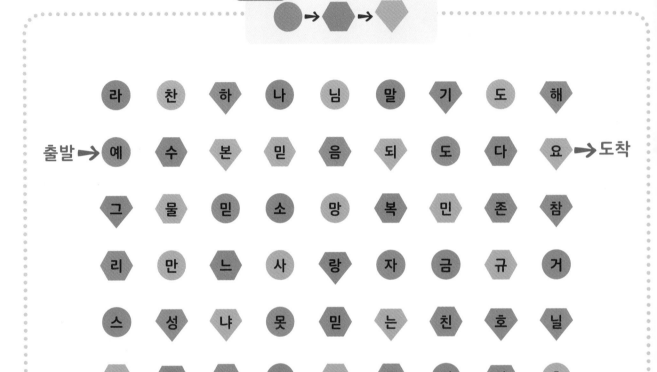

힌트

라 찬 하 나 님 말 기 도 해

출발 → 예 수 본 믿 음 되 도 다 요 → 도착

그 물 믿 소 망 복 민 존 참

리 만 느 사 랑 자 금 규 거

스 성 냐 못 믿 는 친 호 닐

도 령 나 오 큰 름 이 양 호

_____ _____ 께서 이르시되

너는 나를 ____ 고로 ____ ____ ____

보지 ____ 하고 ____ ____ ____들은

____ ____ ____ ____ 하시니라

____한복음 20장 29절

보이지 않아도

어떤 글자가 보이나요? ●색, ●색 칸을 덧칠해 보세요.
찾은 단어를 빈칸에 넣어 에베소서 2장 8절을 완성해 보세요.

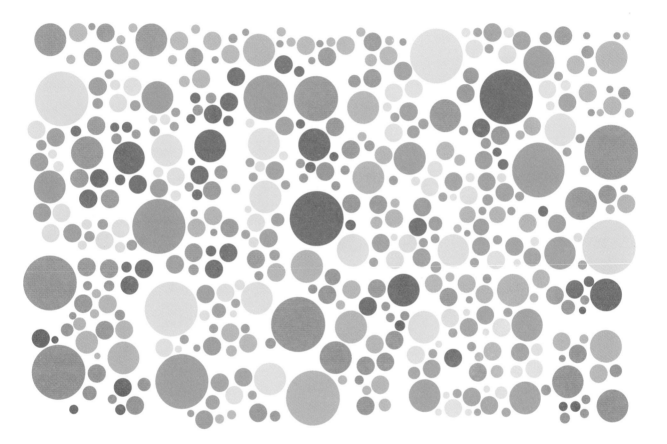

너희는 그 은혜에 의하여 ☐☐ 으로 말미암아

구원을 받았으니 이것은 너희에게서 난 것이 아니요

하나님의 선물이라

에베소서 2장 8절

성경 이야기를 통해 알게 된 것을 글이나 그림으로
표현해 보세요.

• 이 성경 이야기는 하나님이나 복음에 대해 무엇을 말하고 있나요?
• 이 성경 이야기를 통해 나에 대해 알게 된 사실은 무엇인가요?
• 이 성경 이야기를 통해 기억해야 할 하나님의 말씀은 무엇인가요?

가족과
이야기해요

• 예수님을 어떤 분으로 믿고 있나요? 혹시 예수님에 대해 ★의심이 드는 점이 있나요?
• 의심하는 마음이 드는 것은 잘못된 것인가요?

★ 의심 : 믿지 못하는 마음

가족과
활동해요

- 예수님을 사랑하는 것을 어떻게 표현할 수 있을까요? 가족과 함께 예수님을 사랑하는 마음을 몸짓과 표정으로 표현해 보세요.
- 함께 읽을 말씀 : 학개 1장; 스가랴 1장, 7장

예수님이 베드로에게 나타나셨어요

요한복음 21장 1~19절

주제

예수님이 베드로를 용서하시고
회복시키셨어요.

가스펠 링크

예수님은 여전히 제자들이 하나님의 계획에
쓰임받기를 바라셨어요. 예수님은 우리를
용서하시고 모든 것을 회복시키세요.

성경의 초점

그리스도인의 사명은 무엇인가요?
우리의 사명은 성령님의 능력으로
모든 민족을 제자로 삼는 거예요.

　예수님은 갈릴리 호수에서 물고기를 잡고 있는 제자들에게 배 오른쪽에 그물을 던져 보라고 말씀하셨어요. 예수님의 말씀대로 그물을 던지자 많은 물고기가 잡혔어요. 예수님은 베드로에게 자신을 사랑하는지 세 번 물으셨어요. 베드로는 그때마다 "네, 주님. 제가 주님을 사랑하는 것을 주님이 아십니다"라고 답했어요. 예수님이 베드로를 용서하시고 회복시키셨어요.

. . . .
가스펠 프로젝트

빈칸에 '가스펠 프로젝트'(하나님의 구원 계획)의 제목들을 적어 보세요.
'튕겨라 병뚜껑 게임'을 하며 '다시 오실 그리스도'에 먼저 도착해 보세요.
91쪽 가스펠 프로젝트 마크를 오려 게임 말로 사용하세요.

튕겨라 병뚜껑 게임

2명씩 짝을 짓고 93쪽에 있는 보드판에
병뚜껑을 튕겨 보세요. 병뚜껑이 멈춘 칸에
적힌 숫자만큼 게임 말을 이동하세요.

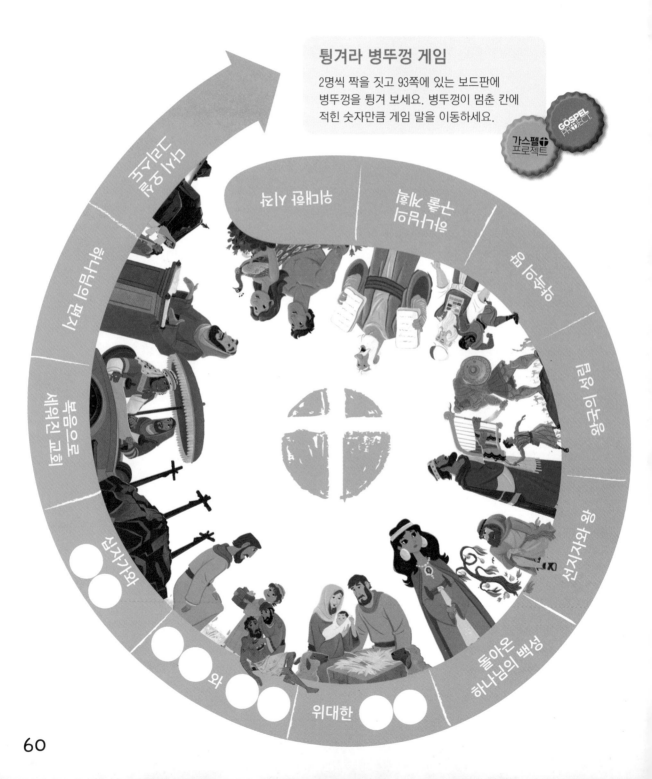

베드로의 대답

각 상황에서 베드로는 사람들과 예수님의 질문에 어떻게 대답했나요?
베드로의 대답을 적고, 흐린 글씨를 따라 써 문장을 완성해 보세요.

예수님이 잡혀가셨을 때 (누가복음 22장 54~59절 참조) ....

이 사람도
예수와 함께 있었습니다.

당신도
제자 중 하나였지?

이 사람이
갈릴리 사람인 것을 보니
그와 함께 있었던 게
틀림없다.

예수님이 베드로를 용서하시고

회복시키셨어요.

부활하신 예수님을 다시 만났을 때 (요한복음 21장 15~17절 참조) ....

네가 이 사람들보다
나를 더 사랑하느냐?

네가 나를 사랑하느냐?

네가 나를 사랑하느냐?

성경 이야기를 통해 알게 된 것을 글이나 그림으로 표현해 보세요.

- 이 성경 이야기는 하나님이나 복음에 대해 무엇을 말하고 있나요?
- 이 성경 이야기를 통해 깨달은 하나님의 마음은 무엇인가요?
- 이 성경 이야기를 통해 기억해야 할 하나님의 말씀은 무엇인가요?

<table>
<tr><td>가족과
이야기해요</td><td>
• 예수님은 왜 베드로에게 자신을 사랑하는지 3번이나 물으셨을까요?
• 예수님의 질문을 받은 베드로는 기분이 어땠을까요?
• 예수님은 베드로에게 어떤 사명을 맡기셨나요?
</td></tr>
</table>

• 농장에 방문해 양을 관찰해 보세요. 예수님이 말씀하신 "내 양을 먹이라"라는 말이 무슨 뜻일지 가족과 함께 이야기를 나누어 보세요.

• 함께 읽을 말씀 : 스가랴 8장, 12장, 14장; 에스더 2장, 4장

예수님이 지상 명령을 주셨어요

마태복음 28장 16~20절

STORY
11

주제

예수님이 제자들에게 사명을 주시고,
함께하겠다고 약속하셨어요.

가스펠 링크

예수님은 우리가 온 세상에 예수님을
전해 모든 사람이 예수님을 구세주로 믿길
바라세요.

성경의 초점

그리스도인의 사명은 무엇인가요?
우리의 사명은 성령님의 능력으로
모든 민족을 제자로 삼는 거예요.

예수님은 제자들에게 "모든 민족을 제자로 삼아라. 아버지와 아들과 성령의 이름으로 세례를 주어라. 내가 명령한 모든 것을 그들에게 가르쳐 지키게 하라"는 지상 명령을 주셨어요. 그리고 세상 끝 날까지 항상 함께하시겠다고 말씀하셨어요.

보물
지도

밑줄 짝~!

마태복음 28장 18~20절을 읽고, 지시에 따라 알맞게 표시해 보세요.

예수께서 나아와 말씀하여 이르시되

하늘과 땅의 모든 권세를 내게 주셨으니

그러므로 너희는 가서 모든 민족을 제자로 삼아

아버지와 아들과 성령의 이름으로 세례를 베풀고

내가 너희에게 분부한 모든 것을 가르쳐 지키게 하라

볼지어다 내가 세상 끝 날까지

너희와 항상 함께 있으리라 하시니라

마태복음 28장 18~20절

1. 하나님은 예수님에게 하늘과 땅의 무엇을 주셨나요?
   정답을 찾아 ○표 해 보세요.

2. 예수님이 제자들에게 맡기신 임무는 무엇이었나요?
   정답을 찾아 밑줄을 그어 보세요.

3. 예수님은 마지막으로 그들에게 무엇을 약속하셨나요?
   정답을 찾아 물결 밑줄을 그은 후 ★표 해 보세요.

66

예수님 소개

예수님은 우리가 온 세상에 예수님에 대해 전하길 바라세요.
아래 질문의 답을 넣어 예수님을 소개하는 포스터를 만들어 보세요.

1. 예수님은 누구신가요?

2. 소개하고 싶은 예수님의 이야기는 무엇인가요?

3. 누구에게 포스터를 보여 주고 싶은가요?

성경 이야기를 통해 알게 된 것을 글이나 그림으로 표현해 보세요.

- 이 성경 이야기는 하나님이나 복음에 대해 무엇을 말하고 있나요?
- 이 성경 이야기를 통해 나에 대해 알게 된 사실은 무엇인가요?
- 이 성경 이야기를 통해 기억해야 할 하나님의 말씀은 무엇인가요?

가족과 이야기해요	• 모든 민족을 제자로 삼아야 하는 사명을 받은 사람은 또 누가 있을까요? • '제자 삼는다'라는 말은 무슨 의미인가요? • 하나님은 어떻게 우리에게 지상 명령을 수행할 능력을 주시나요?
가족과 활동해요	• 복음을 전할 수 있는 다양한 방법을 이야기해 보세요. 그 중 실천할 수 있는 방법으로 가족과 함께 복음을 전해 보세요. • 함께 읽을 말씀 : 에스더 7~8장; 말라기 3~4장

예수님이 승천하셨어요

사도행전 1장 4~14절

주제

승천하신 예수님은 다시 오실 거예요.

가스펠 링크

예수님은 이 땅을 떠나 하늘에 계신
아버지께로 가셨지만 우리를 홀로 남겨 두지
않으셨어요. 성령님은 우리와 함께하시며
하나님의 일을 하도록 도와주실 거예요.

성경의 초점

그리스도인의 사명은 무엇인가요?
우리의 사명은 성령님의 능력으로
모든 민족을 제자로 삼는 거예요.

예수님이 제자들에게 하나님이 약속하신 성령을 기다리라고 하셨어요. 그리고 성령이 오시면 능력을 받고 온 세상에 나가 예수님의 증인이 될 것이라고 말씀하셨어요. 예수님은 이 말씀을 하신 후 하늘에 계신 아버지께로 가셨어요. 흰옷을 입은 두 사람이 제자들 곁에 서서 "예수님은 너희가 본 그대로 다시 오실 것이다"라고 말했어요.

알맞은 단어를

보기 에서 알맞은 단어를 골라 빈칸을 채워 고린도전서 15장 3~4절을 완성해 보세요.

내가 받은 것을 먼저 너희에게 전하였노니

이는 성경대로 ☐☐☐☐ 께서

우리 ☐ 를 위하여 죽으시고

장사 지낸 바 되셨다가

☐☐ 대로 ☐☐ 만에

다시 ☐☐☐☐

고린도전서 15장 3~4절

보기

찬양	성경	예수	그리스도	악	죄	사흘

살아나사 맞으시고 높이시고 죽으시고

예수님 이야기

95쪽 '예수님 이야기' 책을 선대로 접어 책을 만든 후,
아래 지시문을 따라 내용을 완성해 보세요.

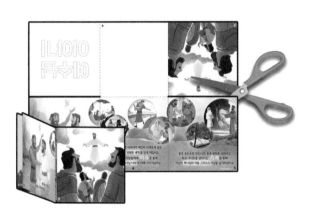

❶ 94쪽 설명을 따라 책을 만들어 보세요.

❷ 책 표지를 꾸며 보세요.

❸ 예수님의 탄생을 알리는 별을 그려 보세요.

❹ 흰색 글씨를 따라 쓰고, 예수님 이야기를 읽어 보세요.

❺ 말풍선에 예수님이 하신 마지막 말씀을
적어 보세요.

❻ 예수님의 승천을 본 제자들의 표정과
다시 오실 예수님의 모습을 그려 보세요.

**보물
상자**

성경 이야기를 통해 알게 된 것을 글이나 그림으로
표현해 보세요.

- 이 성경 이야기는 하나님이나 복음에 대해 무엇을 말하고 있나요?
- 이 성경 이야기를 통해 깨달은 하나님의 마음은 무엇인가요?
- 이 성경 이야기에서 하나님께 더 물어보고 싶은 것이 있나요?

**가족과
이야기해요**

- 예수님의 증인이 된다는 것은 무슨 뜻인가요?
- 오늘날에는 누가 예수님의 증인이 될 수 있을까요?
- 예수님이 다시 오실 때를 기다리며 우리가 해야 할 일은 무엇인가요?

- 가족과 함께 트램펄린이 있는 곳으로 놀러 가 보세요. 함께 위아래로 뛰면서 예수님 이야기를 나누는 거예요. 예수님은 우리를 구하기 위해 이 땅에 오셨고, 하나님과 함께 계시기 위해 승천하셨어요.
- 함께 읽을 말씀 : 에스더 7장; 느헤미야 1~2장

예수님을 보내신 하나님을 찬양해요

이사야 12장

주제

우리를 죄에서 구하기 위해 십자가에서
죽으시고 부활하신 예수님께 감사해요.

가스펠 링크

이사야는 하나님의 말씀이 이루어지는 날을
미리 보았어요. 하나님은 하나님의 아들을
보내 사람들을 죄에서 구하겠다는 약속을
지키셨어요. 예수님은 십자가에서 죽으시고
부활하셨어요.

성경의 초점

그리스도인의 사명은 무엇인가요?
우리의 사명은 성령님의 능력으로
모든 민족을 제자로 삼는 거예요.

예수님이 이 땅에 오시기 오래전에 이사야 선지자는 주님의 날에 관한 말씀을 전했어요. 이사야는 주님의 날에 하나님이 하나님의 백성을 구하실 것이라고 말했어요. 하나님의 백성은 노래를 부르며 하나님께 감사하고 찬양할 거예요. 우리를 죄에서 구하기 위해 십자가에서 죽으시고 다시 살아나신 예수님께 감사해요.

그림자 속에 단어

그림자 힌트를 풀어 고린도전서 15장 3~4절을 완성해 보세요.

내가 받은 것을 먼저 너희에게 전하였노니

이는 성경대로

✝ 께서 우리 를 위하여

장사 지낸 바 되셨다가

 대로 Ⅲ 만에 다시

고린도전서 15장 3~4절

그리스도   성경   사흘

죽으시고   죄   살아나사

78

누구신가요?

두루마리에 적힌 글자 힌트를 보고 단어를 완성해 보세요. 누구를 가리키는 말인가요?
단어들이 가리키는 분을 빈칸에 그려 보세요.

___시아

그___스도

구___자

성___

___님

___나님의
___들

성경 이야기를 통해 알게 된 것을 글이나 그림으로 표현해 보세요.

- 이 성경 이야기는 하나님이나 복음에 대해 무엇을 말하고 있나요?
- 이 성경 이야기를 통해 나에 대해 알게 된 사실은 무엇인가요?
- 이 성경 이야기에서 하나님께 더 물어보고 싶은 것이 있나요?

가족과 **이야기해요**	• '감사하다'라는 말은 무슨 뜻일까요?
	• 감사를 표현하는 방법은 어떤 것이 있을까요?

가족과 **활동해요**	• 가족과 함께 작은 음악회를 열어 보세요. 각자 하나님께 감사할 내용을 노래나 악기 연주로 표현해 보세요.
	• 함께 읽을 말씀 : 느헤미야 5장, 9장

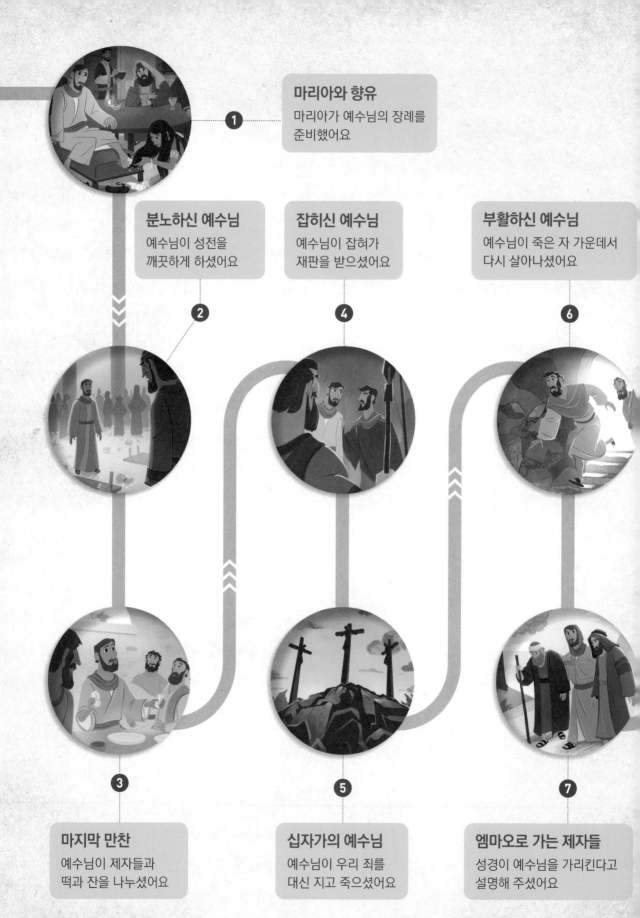

마리아와 향유
마리아가 예수님의 장례를
준비했어요

❶

분노하신 예수님
예수님이 성전을
깨끗하게 하셨어요

❷

잡히신 예수님
예수님이 잡혀가
재판을 받으셨어요

❹

부활하신 예수님
예수님이 죽은 자 가운데서
다시 살아나셨어요

❻

마지막 만찬
예수님이 제자들과
떡과 잔을 나누셨어요

❸

십자가의 예수님
예수님이 우리 죄를
대신 지고 죽으셨어요

❺

엠마오로 가는 제자들
성경이 예수님을 가리킨다고
설명해 주셨어요

❼

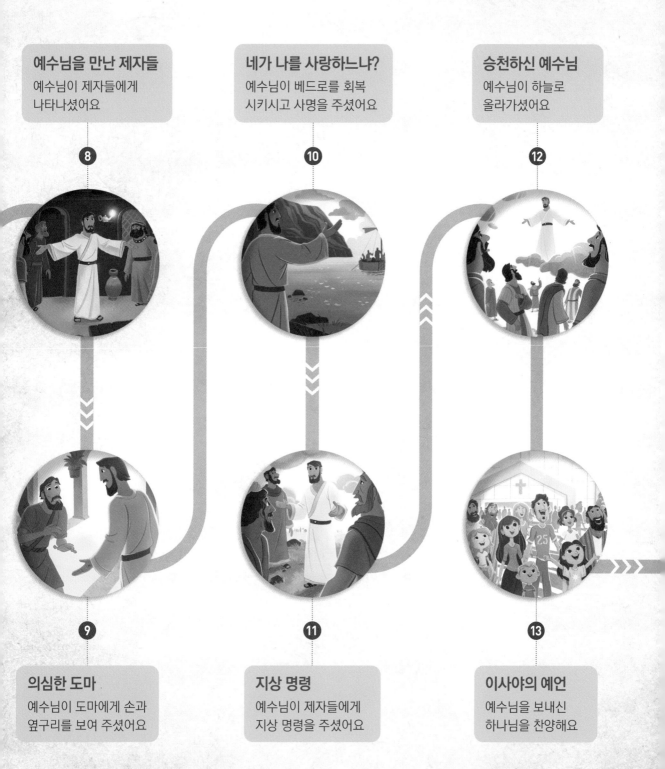

예수님을 만난 제자들
예수님이 제자들에게
나타나셨어요

8

네가 나를 사랑하느냐?
예수님이 베드로를 회복
시키시고 사명을 주셨어요

10

승천하신 예수님
예수님이 하늘로
올라가셨어요

12

9

11

13

의심한 도마
예수님이 도마에게 손과
옆구리를 보여 주셨어요

지상 명령
예수님이 제자들에게
지상 명령을 주셨어요

이사야의 예언
예수님을 보내신
하나님을 찬양해요

1. 마리아가 예수님께 향유를 부었어요
마 26:6~13; 요 12:1~8

4. 예수님이 잡혀가셨어요
마 26:36~27:2

1단원
순종하신 예수님

3. 예수님이 제자들과 마지막 만찬을 하셨어요
마 26:26~30; 요 13:1~15

가스펠
프로젝트
신약
3
메시지 카드
마 21:12~17; 막 11:15~19

2. 예수님이 성전을 깨끗하게 하셨어요
마 21:12~17; 막 11:15~19

1. 마리아가 예수님께 향유를 부었어요

주제 예수님은 마리아의 장례를 위해 향유를 부은 것이라고 말씀하셨어요.

가스펠 읽기 삶은 예수님께 향유를 붓기 위해 값비싼 향유를 예수님께 부은 것이 아니라 예배였어요. 예수님은 마리아의 장례를 위해 향유를 부은 것이라고 말씀하셨어요. 예수님은 세상 무엇보다 소중한 분이에요. 예수님은 마리아의 향유를 위해 죽으시고 장사된 지 3일 만에 죽은 자 가운데서 다시 살아나셨어요.

성경의 초점 그리스도인은 왜 성찬에 참여하나요? 예수님의 삶과 죽음을 기억하고, 예수님이 다시 오실 때까지 예수님을 선포하기 위해서예요.

암송 눅 4:18

4. 예수님이 겸손하셨어요

주제 예수님은 자신의 죽음이 사람들을 죄에서 구하리는 하나님의 계획이라는 것을 아셨어요. 제자들

가스펠 읽기 예수님은 하나님의 계획이라는 것을 아셨어요. 예수님은 배반했고, 예수님은 세상을 구원하기 위해 하나님 아버지의 계획에 끝까지 순종하셨어요.

성경의 초점 그리스도인은 왜 성찬에 참여하나요? 예수님의 삶과 죽음을 기억하고, 예수님이 다시 오실 때까지 예수님을 선포하기 위해서예요.

암송 눅 4:18

1단원 암송

주의 성령이 내게 임하셨으니
이는 가난한 자에게 복음을 전하게 하시려고
내게 기름을 부으시고 나를 보내사
포로 된 자에게 자유를,
눈먼 자에게 다시 보게 함을 전파하며
눌린 자를 자유롭게 하고

눅 4:18

3. 예수님이 제자들과 마지막 만찬을 하셨어요

주제 예수님이 제자들과 함께하신 마지막 유월절 만찬은 최초의 성찬이었어요.

가스펠 읽기 하나님의 뻬성은 왜 안식을 아직지만, 하나님은 그들의 죄를 용서할 새 언약을 구하셨어요. 죽음과 부활을 앞두고 예수님은 마지막으로 제자들과 유월절 만찬을 하셨어요. 예수님은 자신의 죽음으로 새 언약을 세울 것이라고 말씀하셨어요. 하나님의 아들이신 예수님은 만드는 사람들의 죄를 용서하시요.

성경의 초점 그리스도인은 왜 성찬에 참여하나요? 예수님의 삶과 죽음을 기억하고, 예수님이 다시 오실 때까지 예수님을 선포하기 위해서예요.

암송 눅 4:18

신앙3 "십자가와 부활"에 담긴 가스펠

'십자가와 부활'은 예수님의 십자가 죽음과 부활에 대해 가르칩니다. 마리아는 향유를 예수님께 부었습니다. 예수님은 성찬에서 제자들과 함께 떡과 잔을 나누며 자신의 죽음과 부활을 찾아내셨고, 유월절 만찬에서 제자들과 함께 떡과 잔을 나누며 자신의 죽음과 부활을 나타내셨습니다. 십자가에서 죽으시고 다시 오실 것을 찾으신 예수님은 구원자로서 하나님의 뜻에 순종하셨습니다. 예수님은 다시 오시는 우리를 영원히 하나님과 함께하게 될 것입니다.

2. 예수님이 성찬을 제정하셨어요

주제 예수님은 성찬을 정녕 사랑하는 사람들을 찾아내셨어요.

가스펠 읽기 성찬 사람들이 하나님께 기도하고 예배하는 사람들 찾으내 하는 장소였어요. 예수님은 성찬을 정녕 사랑하는 사람들을 찾으셨어요. 예수님은 내쫓아 서서 하나님의 뻬성이 예배할 수 있게 하셨어요. 예수님은 십자가의 죽음으로 사람들이 죄를 없이 구시고, 사람들이 하나님께 가까이 갈 수 있도록 길을 열어 주셨어요.

성경의 초점 그리스도인은 왜 성찬에 참여하나요? 예수님의 삶과 죽음을 기억하고, 예수님이 다시 오실 때까지 예수님을 선포하기 위해서예요.

암송 눅 4:18

6. 예수님이 부활하셨어요
마 28:1~15; 요 20:1~18

8. 예수님이 제자들에게 나타나셨어요
눅 24:36~49; 요 20:19~23

5. 예수님이 십자가에서 죽으셨어요
마 27:11~66

3단원
부활하신 왕, 예수님

2단원
구원자 예수님

7. 예수님이 엠마오로 가는 제자들을 만나셨어요
눅 24:13~35

6. 예수님이 부활하셨어요

주제 예수님은 죽은 자 가운데서 다시 살아나셨어요.

기스펠 말씀 예수님은 우리 죄 때문에 십자가에서 죽으셨어요. 하지만 예수님은 죽은 체로 계시지 않았어요. 하나님은 희생 제물이 되신 예수님의 순종을 기뻐하셨고, 예수님을 죽은 자 가운데서 다시 살아나게 하셨어요. 예수님은 우리를 다스리는 왕이 되게 하셨어요. 예수님은 우리를 죄에서 구하시고 약속하신 영원한 생명을 주세요.

성경의 초점 예수님은 왜 십자가에서 죽으셨나요? 예수님은 우리를 죄에서 구하려고 십자가에서 죽으시고, 부활하셔서 우리가 용서받았다는 것을 보여 주셨어요.

암송 엡 2:8-9

5. 예수님이 십자가에서 죽으셨어요

주제 예수님은 우리 죄를 대신 지고 죽으셨어요.

기스펠 말씀 하나님은 죄로 인해 죽을 수밖에 없는 우리를 위해 구원자를 보내셨는데 약속을 지키셨어요. 예수님은 아무 죄도 짓지 않으셨지만, 우리 대신 죽으셨어요. 예수님은 희생 제물이 되셨어요. 예수님이 흘리신 피로 우리의 죄는 단번에 해결되었어요. 예수님을 믿으면 죽은 자 가운데서 다시 살아났어요. 그리고 3일 만에 사람은 죄를 용서받고 영원한 생명을 얻어요. 예수님을...

성경의 초점 예수님은 왜 십자가에서 죽으셨나요? 예수님은 우리를 죄에서 구하려고 십자가에서 죽으시고, 부활하셔서 우리가 용서받았다는 것을 보여 주셨어요.

암송 엡 2:8-9

7. 예수님이 엠마오로 가는 제자들을 만나셨어요

주제 예수님은 모든 성경이 자신을 가리킨다고 가르치셨어요.

기스펠 말씀 성경은 예수님에 관한 책이에요. 아브라함과 하와가 죄를 짓자 하나님은 예수님을 보내 사람들을 죄에서 구원할 계획을 실행하셨어요. 구약성경이 기록되고 나서 약속이 예수님의 삶과 죽음, 구약성경이 기록을 통해 이루어졌어요.

성경의 초점 예수님은 왜 십자가에서 죽으셨나요? 예수님은 우리를 죄에서 구하려고 십자가에서 죽으시고, 부활하셔서 우리가 용서받았다는 것을 보여 주셨어요.

암송 엡 2:8-9

2단원 암송

너희는 그 은혜에 의하여 믿음으로 말미암아 구원을 받았으니 이것은 너희에게서 난 것이 아니요 하나님의 선물이라 행위에서 난 것이 아니니 이는 누구든지 자랑하지 못하게 함이라

엡 2:8-9

8. 예수님이 제자들에게 나타나셨어요

주제 제자들이 부활하신 예수님을 보았어요.

기스펠 말씀 부활하신 예수님은 40일 동안 500명이 넘는 사람에게 나타나셨어요(고전 15:3-8 참조). 예수님은 제자들에게 나타나셨어요. 예수님은 우리를 보내 다른 사람들에게 예수님을 전하게 하시고, 성령님을 통해 우리에게 능력을 주세요.

성경의 초점 그리스도인의 사명은 무엇인가요? 우리의 사명은 성령님의 능력으로 모든 민족을 제자로 삼는 거예요.

암송 고전 15:3-4

3단원 암송

내가 받은 것을 먼저 너희에게 전하였노니 이는 성경대로 그리스도께서 우리 죄를 위하여 죽으시고 장사 지낸 바 되셨다가 성경대로 사흘 만에 다시 살아나사

고전 15:3-4

11. 예수님이 지상 명령을 주셨어요
마 28:16-20

둘러보기

- 주제 : 각 과의 핵심 줄거리를 파악할 수 있습니다.
- 가스펠링크 : 성경 이야기에 담긴 복음을 발견하게 합니다. 모든 성경 이야기는 그리스도와 연결됩니다.
- 성경의 초점 : 본문과 관련된 성경의 중심 주제를 문답 형식으로 정리한 문장입니다. 단원별 성경의 초점을 이해하며 성경의 흐름을 이해하게 합니다.
- 암송 : 단원의 핵심 메시지가 담긴 성경 구절입니다.

10. 예수님이 베드로에게 나타나셨어요
요 21:1-19

9. 예수님이 도마에게 나타나셨어요
요 20:24-29

13. 예수님을 보내신 하나님을 찬양해요
시 12장

12. 예수님이 승천하셨어요
행 1:4-14

11. 예수님이 지상 명령을 주셨다

주께 예수님이 제자들에게 사명을 주시고 함께하겠다고 약속하셨어요.

가스펠 링크 우리를 향하신 주님의 사랑은 우리만 알고 있기에는 너무 크고 놀라운 소식이에요. 예수님은 하늘로 올라가기 전에 세상에 있는 모든 사람에게 복음을 전하라고 제자들에게 일을 맡기셨어요. 예수님은 우리가 온 세상에 예수님을 전해 모든 사람이 예수님을 구세주로 믿는 걸 바라세요.

성경의 초점 그리스도인의 사명은 무엇인가요?
우리의 사명은 성령님의 능력으로 모든 민족을 제자로 삼는 거예요.

암송 고전 15:3-4

10. 예수님이 베드로에게 나타나셨어요

주께 예수님이 베드로를 용서하시고 회복시키셨어요.

가스펠 링크 예수님은 제자들을 용서하셨어요, 아무가 되게 하셨다고 약속하고 아버지를 전화하게 하셨어요. 사람들에게 받는 남을 경멸하는 거예요. 예수님을 바라고 도망갔어요. 하지만 제자들이 보신하고 예수님을 배반기를 바라셨어요, 예수님을 모른다고 했어요. 그러나 예수님은 죄친을 그들이 하나님의 계획을 쓰임받기를 바라셨어요. 예수님은 우리를 용서하시고 모든 걸을 회복시키세요.

성경의 초점 그리스도인의 사명은 무엇인가요?
우리의 사명은 성령님의 능력으로 모든 민족을 제자로 삼는 거예요.

암송 고전 15:3-4

13. 예수님을 보내신 하나님을 찬양해요

주께 우리를 죄에서 구하기 위해 십자가에서 죽으시고 부활하신 예수님께 감사해요.

가스펠 링크 이사야는 하나님의 말씀이 이루어지는 날을 미리 보았어요, 그날에 하나님은 백성에게 화를 풀고 주시고, 뺏었던 것을 감사하며 하나님 아들을 지랑할 거예요. 하나님은 약속을 지키셨어요, 예수님을 죄에서 구하셨다는 약속을 지키셨어요, 예수님을 믿는 사람은 구원을 기뻐할 거예요.

성경의 초점 그리스도인의 사명은 무엇인가요?
우리의 사명은 성령님의 능력으로 모든 민족을 제자로 삼는 거예요.

암송 고전 15:3-4

9. 예수님이 도마에게 나타나셨어요

주께 예수님이 의심하는 도마에게 손과 옆구리를 보여 주셨어요.

가스펠 링크 도마는 죽은 자기 가운데서 다시 살아나신 예수님을 보았어요, 예수님이 십자가에 달리셨을 때 예수님은 정자도 보았어요, 우리는 예수님을 보지 못했지만, 예수님은 우리를 보고 계시고 우리가 예수님을 보지 못해도 믿는 사람에게 복이 있다고 하셨어요.

성경의 초점 그리스도인의 사명은 무엇인가요?
우리의 사명은 성령님의 능력으로 모든 민족을 제자로 삼는 거예요.

암송 고전 15:3-4

12. 예수님이 승천하셨어요

주께 승천하신 예수님은 이 땅을 떠나 하늘에 계신 아버지께로 가셨지만 우리를 홀로 남기지 않으셨어요, 예수님은 성령님을 보내셨고 성령님은 우리와 함께하시며 하나님의 일을 하도록 도와주실 거예요, 때가 되면 예수님은 다시 오셔서 모든 걸을 새롭게 하시고 세상의 주인으로 다스리실 거예요.

성경의 초점 그리스도인의 사명은 무엇인가요?
우리의 사명은 성령님의 능력으로 모든 민족을 제자로 삼는 거예요.

암송 고전 15:3-4

90

60쪽

———— 자르기

·········· 안으로 접기

—·—·— 밖으로 접기

48쪽

3

2

1

병뚜껑
올려 놓는 곳

73쪽 '예수님 이야기' 책 접는 방법

❶

95쪽 '예수님 이야기' 책을 자른다.

❷

종이를 그림과 같이 가로로 반 접는다.

❸
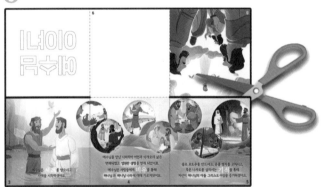

종이를 다시 펴서 실선을 가위로 오린다.

❹

오른쪽 종이를 앞쪽으로 접는다.

❺

왼쪽 종이를 앞쪽으로 접는다.

❻

73쪽 지시문을 따라 내용을 완성한다.

예수님의 생애

3 예수님은 세례를 받으시고 사역을 시작하셨어요.

4 예수님을 만난 사마리아 여인과 삭개오의 삶은 변화되었고 영원한 생명을 얻게 되었어요. 예수님은 사람들에게 비유를 통해 하나님과 하나님 나라에 대해 가르치셨어요.

5 물로 포도주를 만드시고, 종종 병자를 고치시고, 죽은 나사로를 살리시는 기적을 통해 자신이 하나님의 아들 그리스도이심을 증거하셨어요.

——— 자르기 ·········· 안으로 접기 ------- 밖으로 접기

96